Introducción a los padres

La serie de libros *We Both Read* ha sido desarrollada por especialistas en lectura para invitar a los padres y a los niños a interactuar mientras leen juntos. Este libro en particular ha sido concebido para que un padre o un adulto le lea todo el libro al niño. Sin embargo, durante la lectura, se le invita al niño a que participe activamente, encontrando elementos en las imágenes.

Este libro ayudará a su hijo a identificar las letras del abecedario y los sonidos que producen estas letras. Usted leerá una oración corta con palabras que empiezan con una letra particular del alfabeto, por ejemplo, "Alvin admira la actuación". Mientras usted lee la oración, sería útil que señalara la letra inicial de cada palabra e hicieran énfasis en el sonido que produce cada letra.

Luego, puede invitar a su hijo a encontrar elementos en las ilustraciones que comiencen con el mismo sonido (astronauta, ambulancia, acordeón, etc.). Como este libro es bilingüe, puede invitar a que su hijo busque elementos en inglés y en español que empiecen con el mismo sonido. Puede ayudar a su niño señalando algo en la ilustración que comience con el sonido de la letra y preguntándole si sabe qué podría ser. Si es necesario, puede decirle lo que es, haciendo énfasis en el sonido inicial de la palabra. También puede señalar las dos formas diferentes en que se puede escribir cada letra e invitar a su hijo a encontrar esas letras escondidas en la imagen.

En la parte de inglés, tenga en cuenta que para las vocales a, e, i, o, u, el libro solo incluye las palabras y los objetos que comienzan con el sonido corto de estas vocales. Esto ayuda a evitar cualquier confusión y hace hincapié en el sonido de la vocal de las palabras que su hijo va a comenzar a leer primero. Tenga en cuenta que la letra Ññ, que es propia únicamente del idioma español, no aparece en esta edición.

Después de haber leído el libro una vez, puede ser divertido y útil darle una segunda lectura con su hijo. Recuerde elogiar los esfuerzos de su hijo y mantener una interacción divertida.

Mantenga estos consejos en mente, pero no se preocupe por seguirlos al pie de la letra. El hecho simple de que compartan este libro juntos ayudará a preparar a su hijo para la lectura, ¡y para el disfrute de la lectura durante toda su vida!

Parent's Introduction

We Both Read books have been developed by reading specialists to invite you and your child to interact together as each book is being read. This book is designed for a parent or adult to read the entire book to a child. However, your child is invited to actively participate by finding items in the pictures.

This book will help your child identify the letters in the alphabet and the sounds those letters make. You will read a short sentence with words that start with a particular letter of the alphabet, for example: "Alvin admires acting." As you read the sentence, it may be helpful to point to the beginning letter of each word and emphasize the sound that letter makes.

Then, you can invite your child to find things in the picture that start with the same beginning sound (astronaut, ambulance, accordion, etc.). Since this book is bilingual, you can invite your child to look for items with the beginning sound in English or Spanish. You can help guide your child by pointing out something in the picture that starts with the sound of the letter and asking if he knows what it might be. If needed, you can say what it is, emphasizing the first sound in the word. You can also point to the two different ways that each letter can be written and invite your child to find those letters hidden in the picture.

In the English part, please note that for vowels a, e, i, o, and u the book only includes words and objects that start with the short vowel sound. This helps avoid confusion and emphasizes the vowel sound in words that your child will first begin to read. If you think your child is ready, you may want to explain that the vowels can also sometimes make the same sound as the letter name.

After you have gone through the book once, it may be fun and helpful to go through it again with your child. Remember to praise your child's efforts and keep the interaction fun. Try to keep these tips in mind, but don't worry about doing everything right. Simply sharing the book together will help prepare your child for reading and a lifetime of reading enjoyment!

Can You Find?
A We Both Read® Book:
Level PK-K

¿Puedes hallarlo?
Un libro de We Both Read®:
Nivel PK-K

Text Copyright © 2016 by Sindy McKay
Illustrations Copyright © 2016 by Matt Loveridge
Reading Consultant: Bruce Johnson, M.Ed.

Published by
Treasure Bay, Inc.
P.O. Box 119
Novato, CA 94948 USA

Printed in Malaysia

Library of Congress Catalog Card Number: 2015940399

ISBN: 978-1-60115-072-1

Visit us online at: www.TreasureBayBooks.com

PR 11-15

Can You Find?
An ABC Book

¿Puedes hallarlo?
Abecedario

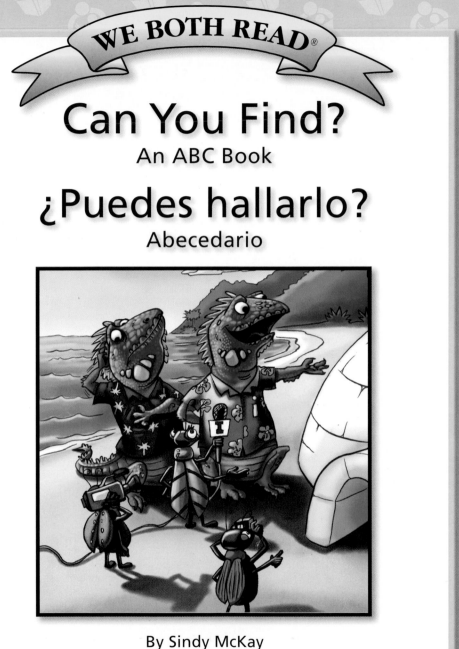

By Sindy McKay

Illustrated by Matt Loveridge

Translated by Yanitzia Canetti

TREASURE BAY

<u>A</u>lvin <u>a</u>dmires <u>a</u>cting.

Can you find some things in this picture that have
the same beginning sound as **<u>A</u>lvin**?

<u>A</u>lvin <u>a</u>dmira la <u>a</u>ctuación.

¿Puedes hallar algo en esta ilustración, en español o en
inglés, que tenga el mismo sonido inicial que **<u>A</u>lvin**?

2

These words all start with the letter **A**.
The letter **A** can be written two ways:

A a

Can you find these letters hidden in the picture?

Estas palabras empiezan con la letra **A**.
La letra **A** se puede escribir de dos maneras:

A a

¿Puedes encontrar esta letra escondida en la ilustración?   3

Bonnie **b**ursts **b**ubbles.

Can you find some things in this picture that have
the same beginning sound as **B**onnie?

Ben **b**urbujea **b**ien.

¿Puedes hallar algo en esta ilustración, en español o en
inglés, que tenga el mismo sonido inicial que **B**en?

These words all start with the letter **B**.
The letter **B** can be written two ways:

B b

Can you find these letters hidden in the picture?

Estas palabras empiezan con la letra **B**.
La letra **B** se puede escribir de dos maneras:

B b

¿Puedes encontrar esta letra escondida en la ilustración?

<u>C</u>onnor <u>c</u>atches <u>c</u>ows.

Can you find some things in this picture that have
the same beginning sound as **<u>C</u>onnor**?

<u>C</u>onnor <u>c</u>ausa <u>c</u>onflictos.

¿Puedes hallar algo en esta ilustración, en español o en
inglés, que tenga el mismo sonido inicial que **<u>C</u>onnor**?

These words all start with the letter **C**.
The letter **C** can be written two ways:

C c

Can you find these letters hidden in the picture?

Estas palabras empiezan con la letra **C**.
La letra **C** se puede escribir de dos maneras:

C c

¿Puedes encontrar esta letra escondida en la ilustración?

David **d**irects **d**ucks.

Can you find some things in this picture that have
the same beginning sound as **David**?

David **d**irige con **d**eterminación.

¿Puedes hallar algo en esta ilustración, en español o en
inglés, que tenga el mismo sonido inicial que **David**?

These words all start with the letter **D**.
The letter **D** can be written two ways:

D d

Can you find these letters hidden in the picture?

Estas palabras empiezan con la letra **D**.
La letra **D** se puede escribir de dos maneras:

D d

¿Puedes encontrar esta letra escondida en la ilustración?

<u>E</u>llen <u>e</u>ducates <u>e</u>ggs.

Can you find some things that have the same beginning sound as **<u>Ellen</u>**? These words all start with the letter **E**. The letter **E** can be written two ways:

E e

Can you find these letters hidden in the picture?

<u>E</u>lena <u>e</u>duca <u>e</u>ficazmente.

¿Puedes hallar algo en la ilustración, en español o en inglés, con el mismo sonido inicial que **<u>Elena</u>**? Estas palabras empiezan con la letra **E**.
La letra **E** se escribe de dos maneras:

E e

¿Puedes encontrar esta letra escondida en la ilustración?

<u>F</u>elix <u>f</u>umbles <u>f</u>ruit.

Can you find some things that have the same beginning sound as **<u>F</u>elix**? These words all start with the letter **F**. The letter **F** can be written two ways:

F f

Can you find these letters hidden in the picture?

<u>F</u>élix se <u>f</u>uga con <u>f</u>rutas.

¿Puedes hallar algo en la ilustración, en español o en inglés, con el mismo sonido inicial que **<u>F</u>élix**? Estas palabras empiezan con la letra **F**. La letra **F** se escribe de dos maneras:

F f

¿Puedes encontrar esta letra escondida en la ilustración?

11

Gabriel **g**uards **g**eckos.

Can you find some things in this picture that have
the same beginning sound as **Gabriel**?

Gabriel **g**uarda **g**ecos.

¿Puedes hallar algo en esta ilustración, en español o en
inglés, que tenga el mismo sonido inicial que **Gabriel**?

These words all start with the letter **G**.
The letter **G** can be written two ways:

G g

Can you find these letters hidden in the picture?

Estas palabras empiezan con la letra **G**.
La letra **G** se puede escribir de dos maneras:

G g

¿Puedes encontrar esta letra escondida en la ilustración?

13

<u>H</u>ugo <u>h</u>andles <u>h</u>amburgers.

Can you find some things in this picture that have
the same beginning sound as **Hugo**?

<u>H</u>ugo <u>h</u>ace <u>h</u>amburguesas.

¿Puedes hallar algo en esta ilustración, en español o en
inglés, que tenga el mismo sonido inicial que **Hugo**?

These words all start with the letter **H**.
The letter **H** can be written two ways:

H h

Can you find these letters hidden in the picture?

Estas palabras empiezan con la letra **H**.
La letra **H** se puede escribir de dos maneras:

H h

¿Puedes encontrar esta letra escondida en la ilustración?

Ingrid interviews iguanas.

Can you find some things that have the same beginning sound as **Ingrid**? These words all start with the letter **I**. The letter **I** can be written two ways:

I i

Can you find these letters hidden in the picture?

Ingrid invita a las iguanas.

¿Puedes hallar algo en la ilustración, en español o en inglés, con el mismo sonido inicial que **Ingrid**? Estas palabras empiezan con la letra **I**. La letra **I** se escribe de dos maneras:

I i

¿Puedes encontrar esta letra escondida en la ilustración?

Jack jumps over jelly jars.

Can you find some things that have the same beginning sound as **Jack**? These words all start with the letter **J**. The letter **J** can be written two ways:

J j

Can you find these letters hidden in the picture?

Jaime juega con jarras de jalea.

¿Puedes hallar algo en la ilustración, en español o en inglés, con el mismo sonido inicial que **Jaime**? Estas palabras empiezan con la letra **J**.
La letra **J** se escribe de dos maneras:

J j

¿Puedes encontrar esta letra escondida en la ilustración?

Karen kisses koalas.

Can you find some things in this picture that have
the same beginning sound as **Karen**?

Karen besa koalas.

¿Puedes hallar algo en esta ilustración, en español o en
inglés, que tenga el mismo sonido inicial que **Karen**?

These words all start with the letter **K**.
The letter **K** can be written two ways:

K k

Can you find these letters hidden in the picture?

Estas palabras empiezan con la letra **K**.
La letra **K** se puede escribir de dos maneras:

K k

¿Puedes encontrar esta letra escondida en la ilustración? 19

<u>L</u>aura <u>l</u>icks <u>l</u>emons.

Can you find some things in this picture that have
the same beginning sound as **<u>L</u>aura**?

<u>L</u>aura <u>l</u>ame <u>l</u>imones.

¿Puedes hallar algo en esta ilustración, en español o en
inglés, que tenga el mismo sonido inicial que **<u>L</u>aura**?

These words all start with the letter **L**.
The letter **L** can be written two ways:

L l

Can you find these letters hidden in the picture?

Estas palabras empiezan con la letra **L**.
La letra **L** se puede escribir de dos maneras:

L l

¿Puedes encontrar esta letra escondida en la ilustración?

<u>M</u>ilo <u>m</u>oves with <u>m</u>usic.

Can you find some things in this picture that have
the same beginning sound as **Milo**?

<u>M</u>ilo se <u>m</u>ueve con la <u>m</u>úsica.

¿Puedes hallar algo en esta ilustración, en español o en
inglés, que tenga el mismo sonido inicial que **Milo**?

22

These words all start with the letter **M**.
The letter **M** can be written two ways:

M m

Can you find these letters hidden in the picture?

Estas palabras empiezan con la letra **M**.
La letra **M** se puede escribir de dos maneras:

M m

¿Puedes encontrar esta letra escondida en la ilustración?

<u>N</u>ina <u>n</u>eeds <u>n</u>uts.

Can you find some things that have the same beginning sound as <u>**Nina**</u>? These words all start with the letter **N**. The letter **N** can be written two ways:

N n

Can you find these letters hidden in the picture?

<u>N</u>ina <u>n</u>ecesita <u>n</u>ueces.

¿Puedes hallar algo en la ilustración, en español o en inglés, con el mismo sonido inicial que <u>**Nina**</u>? Estas palabras empiezan con la letra **N**. La letra **N** se escribe de dos maneras:

N n

¿Puedes encontrar esta letra escondida en la ilustración?

<u>O</u>scar <u>o</u>perates <u>o</u>ften.

Can you find some things that have the same beginning sound as **<u>O</u>scar**?
These words all start with the letter **O**. The letter **O** can be written two ways:

O o

Can you find these letters hidden in the picture?

<u>O</u>scar <u>o</u>pera.

¿Puedes hallar algo en la ilustración, en español o en inglés, con el mismo
sonido inicial que **<u>O</u>scar**? Estas palabras empiezan con la letra **O**.
La letra **O** se escribe de dos maneras:

O o

¿Puedes encontrar esta letra escondida en la ilustración?

Paul **p**roudly **p**lays **p**iano.

Can you find some things in this picture that have
the same beginning sound as **Paul**?

Pablo **p**refiere tocar el **p**iano.

¿**P**uedes hallar algo en esta ilustración, en español o en
inglés, que tenga el mismo sonido inicial que **Pablo**?

These words all start with the letter **P**.
The letter **P** can be written two ways:

P p

Can you find these letters hidden in the picture?

Estas palabras empiezan con la letra **P**.
La letra **P** se puede escribir de dos maneras:

P p

¿Puedes encontrar esta letra escondida en la ilustración? 27

<u>Q</u>uincy <u>q</u>uacks <u>q</u>uietly.

Can you find some things that have the same beginning sound as **<u>Q</u>uincy**?
These words all start with the letter **Q**. The letter **Q** can be written two ways:

Q q

Can you find these letters hidden in the picture?

<u>Q</u>uina se <u>q</u>ueda <u>q</u>uieta.

¿Puedes hallar algo en la ilustración, en inglés, con el mismo
sonido inicial que **<u>Q</u>uina**? Estas palabras empiezan con la letra **Q**.
La letra **Q** se escribe de dos maneras:

Q q

¿Puedes encontrar esta letra escondida en la ilustración?

<u>R</u>obin <u>r</u>ecognizes <u>r</u>ain.

Can you find some things that have the same beginning sound as **Robin**?
These words all start with the letter **R**. The letter **R** can be written two ways:

R r

Can you find these letters hidden in the picture?

<u>R</u>obin <u>r</u>eacciona <u>r</u>ápidamente.

¿Puedes hallar algo en la ilustración, en español o en inglés, con el mismo
sonido inicial que **Robin**? Estas palabras empiezan con la letra **R**.
La letra **R** se escribe de dos maneras:

R r

¿Puedes encontrar esta letra escondida en la ilustración?

29

<u>S</u>arah <u>s</u>leeps <u>s</u>oundly.

Can you find some things in this picture that have the same beginning sound as **<u>S</u>arah**?

<u>S</u>ara <u>s</u>ueña <u>s</u>erenamente.

¿Puedes hallar algo en esta ilustración, en español o en inglés, que tenga el mismo sonido inicial que **<u>S</u>ara**?

These words all start with the letter **S**.
The letter **S** can be written two ways:

S s

Can you find these letters hidden in the picture?

Estas palabras empiezan con la letra **S**.
La letra **S** se puede escribir de dos maneras:

S s

¿Puedes encontrar esta letra escondida en la ilustración?

Tobi taps terribly.

Can you find some things in this picture that have
the same beginning sound as **Tobi**?

Tobi taconea terriblemente.

¿Puedes hallar algo en esta ilustración, en español o en
inglés, que tenga el mismo sonido inicial que **Tobi**?

These words all start with the letter **T**.
The letter **T** can be written two ways:

T t

Can you find these letters hidden in the picture?

Estas palabras empiezan con la letra **T**.
La letra **T** se puede escribir de dos maneras:

T t

¿Puedes encontrar esta letra escondida en la ilustración?   33

Uncle **U**nger **u**nloads **u**mbrellas.

Can you find some things that have the same beginning sound as **Uncle Unger**?
These words all start with the letter **U**. The letter **U** can be written two ways:

U u

Can you find these letters hidden in the picture?

Unger **u**sa **u**n **u**niforme.

¿Puedes hallar algo en la ilustración, en español o en inglés, con el mismo sonido
inicial que **Unger**? Estas palabras empiezan con la letra **U**.
La letra **U** se escribe de dos maneras:

U u

¿Puedes encontrar esta letra escondida en la ilustración?

<u>V</u>ictor <u>v</u>acuums <u>v</u>igorously.

Can you find some things that have the same beginning sound as **<u>V</u>ictor**?
These words all start with the letter **V**. The letter **V** can be written two ways:

V v

Can you find these letters hidden in the picture?

<u>V</u>ictoria <u>v</u>uela <u>v</u>igorosamente.

¿Puedes hallar algo en la ilustración, en español o en inglés, con el mismo
sonido inicial que **<u>V</u>ictoria**? Estas palabras empiezan con la letra **V**.
La letra **V** se escribe de dos maneras:

V v

¿Puedes encontrar esta letra escondida en la ilustración?

<u>W</u>alter <u>w</u>ashes <u>wh</u>ales in <u>W</u>ashington.

Can you find some things in this picture that have
the same beginning sound as **<u>W</u>alter**?

<u>W</u>alter baña ballenas en <u>W</u>ashington.

¿Puedes hallar algo en esta ilustración, en inglés,
que tenga el mismo sonido inicial que **<u>W</u>alter**?

These words all start with the letter **W**.
The letter **W** can be written two ways:

W w

Can you find these letters hidden in the picture?

Estas palabras empiezan con la letra **W**.
La letra **W** se puede escribir de dos maneras:

W w

¿Puedes encontrar esta letra escondida en la ilustración? 37

Ma**x** can fi**x** Sphin**x**.

Can you find some things in this picture that *end* with the same
sound as **Max**? Some of these words *end* with the letter **X**.
The letter **X** can be written two ways:

X x

Can you find these letters hidden in the picture?

Ma**x** es lo má**x**imo.

¿Puedes hallar algo en la ilustración, en inglés, que contenga el sonido
final de **Max**? Estas palabras contienen el sonido **X**.
La letra **X** se escribe de dos maneras:

X x

¿Puedes encontrar esta letra escondida en la ilustración?

<u>Y</u>ani <u>y</u>elped in the <u>y</u>acht.

Can you find some things that have the same beginning sound as
<u>Y</u>ani? These words all start with the letter **Y**.
The letter **Y** can be written two ways:

Y y

Can you find these letters hidden in the picture?

<u>Y</u>ani <u>y</u>ace en el <u>y</u>ate.

¿Puedes hallar algo en la ilustración, en español o en inglés, con el mismo
sonido inicial que **<u>Y</u>ani**? Estas palabras empiezan con la letra **Y**.
La letra **Y** se escribe de dos maneras:

Y y

¿Puedes encontrar esta letra escondida en la ilustración?

<u>Z</u>elda <u>z</u>oomed <u>z</u>estfully.

Can you find some things that have the same beginning sound as **Zelda**?
These words all start with the letter **Z**. The letter **Z** can be written two ways:

Z z

Can you find these letters hidden in the picture?

<u>Z</u>elda <u>z</u>umbaba en <u>z</u>igzag.

¿Puedes hallar algo en la ilustración, en español o en inglés, con el mismo
sonido inicial que **<u>Z</u>elda**? Estas palabras empiezan con la letra **Z**.
La letra **Z** se escribe de dos maneras:

Z z

¿Puedes encontrar esta letra escondida en la ilustración?

The Alphabet • *Abecedario*

Aa   Bb   Cc   Dd

Ee   Ff   Gg   Hh

Ii   Jj   Kk   Ll

Mm   Nn   Oo   Pp

Qq   Rr   Ss   Tt

Uu   Vv   Ww   Xx

Yy   Zz

El abecedario en español
incluye además la letra:

Ñ ñ

41

If you liked *Can You Find?*, here is another
We Both Read® book you are sure to enjoy!

*Si te gustó ¿**Puedes hallarlo?**, ¡seguramente disfrutarás
este otro libro de la serie We Both Read®!*

Too Many Cats • Demasiados gatos

Suzu has asked for a white cat for her birthday. Now, on the
night before her birthday, she begins to find cats all over the
house. Suzu loves cats, but now she has too many! This book
is a delight to read, with a focus for the beginning reader on
the names for colors and the numbers from one to ten.

*Suzu ha pedido un gato blanco por su cumpleaños. La noche
antes de su cumpleaños, ella empieza a encontrar gatos
por toda su casa. Suzu ama los gatos, ¡pero ahora ella tiene
demasiados! Es un deleite leer este libro cuyo enfoque para
primeros lectores es los nombres de los colores y los números
del uno al diez.*

To see all the We Both Read books that are available,
just go online to **www.WeBothRead.com**.

Para ver todos los libros disponibles de la serie We Both Read®,
*visita nuestra página web: **www.TreasureBayBooks.com**.*